SCRUM

para

ESCRITORES

Aplicando Métodos Ágeis para você

escrever seu livro

de uma vez por todas.

Alexandre Heredia

Este livro foi revisado segundo o Novo Acordo Ortográfico da Língua Portuguesa

Revisão: Camila Fernandes
Projeto gráfico de capa: Alexandre Heredia

ISBN: 9781532860300

Para Amanda,
que nunca desistiu.

Índice

Mantenho seis servos honestos
(que me ensinaram tudo o que sei);
Os seus nomes são O quê e Onde e Quando
e Como e Por Quê e Quem.
E envio-os por terra e mar,
Envio-os de leste a oeste,
mas depois de terem trabalhado por mim,
Dou-lhes todo o descanso.

Rudyard Kipling – The Elephant's Child.

Sobre o autor

Alexandre Heredia é pós-graduado em Criação Literária e já publicou os romances *Legado de Bathory*, *Predadores* e *Emboscada* (Tarja Editorial), foi um dos organizadores e participantes dos três volumes da *Coleção Necrópole* (Editora Alaúde) e já participou das coletâneas *Visões de São Paulo — Ensaios Urbanos* (Tarja Editorial), *Imaginários vol. 2* (Editora Draco), *Folhas de Espanto* (Editora Literata), *Mecanismos Precários* (Editora Terracota), *Le Monde Bizarre - O Circo dos Horrores* (Editora Estronho), *Paradigmas Definitivos* (Tarja Editorial) e *Samurais vs. Ninjas* (Editora Draco). Escreve regularmente no blog Gardenal com Fanta Uva.

Paralelamente a isso, é formado em Engenharia Elétrica e há mais de 15 anos atua na área de desenvolvimento de software, tendo participado de diversos projetos em empresas como Siemens, Accenture, Grupo Abril e Sulamérica Seguros. É Scrum Master certificado pela Scrum Alliance.

ALEXANDRE HEREDIA

Introdução

Escrever não é fácil. E quem disser o contrário ou é um gênio inato ou não dá ao ofício o valor que ele merece. Mas o resto das pessoas que já encarou uma página em branco com pavor da primeira frase sabe muito bem do que estou falando.

Escrever, como a maioria dos ofícios, é um processo. Pelo fato de ser um processo no qual a criatividade é uma das principais ferramentas, é visto quase como uma atividade hedonista, algo que se faz simplesmente por prazer ou nas horas vagas, como ler um livro ou assistir à televisão. Quem encara a criação literária desta maneira está menosprezando milênios de evolução de aspectos técnicos fundamentais. Escrever é uma arte, sim, mas é acima de tudo um processo.

A jornada de um escritor, na maioria das vezes, começa por uma paixão avassaladora pela leitura. Esta paixão inicial faz com que o futuro escritor leia bastante (ao menos em tese, mas me adianto). E quanto mais ele lê, mais claros começam a se tornar os elementos construtores de um texto. Histórias têm personagens. Têm conflitos. Têm descrições, diálogos, tramas, contrapontos, reviravoltas, etc. Tudo isso, se juntado de forma coesa, gera uma história. Um leitor entra no caminho de se tornar um escritor quando começa a perceber cada elemento nesta sopa chamada história. E quando começa a compreender o papel de cada elemento, e como tornar cada elemento um ingrediente deste resultado final, começa a

1

escrever.

Todo início de jornada é cheio de tropeços. É caótico. Tentamos, sem o devido conhecimento técnico, recriar aquilo que lemos. Muitos não passam desta fase. Tornam-se papagaios de estilos alheios. Outros passam para a próxima fase, que é olhar para trás, para a formação daquilo que veio a ser denominado Literatura. Estudam técnicas, métodos, estilos. Nada errado com isso. O cerne do problema é que, nesse ponto, ou você faz um curso de Letras ou algo semelhante ou fica nadando no caos do autoaprendizado. E, sim, este é o caminho mais comum. Mas deixe-me explicar isso com uma história. Mais especificamente, minha história.

Sempre fui fascinado pela leitura. Meus pais costumam dizer que eu já lia antes mesmo de aprender a ler. Aliás, aprendi a ler por conta própria. Lembro até hoje a primeira frase que li: "E aí, Zé?", numa história do Chico Bento. Sim, como muitos de minha geração, aprendi a ler com quadrinhos. Meu pai me levava todo sábado à banca de jornal que ficava no estacionamento de um supermercado e me comprava um gibi. Era uma decisão difícil escolher um entre tantos. Então eu normalmente escolhia o mais grosso (na época, eram os chamados Disney Especial, que vinham com um alerta irrecusável na capa: "268 páginas!"). E devorava tudo antes do sábado acabar, deixando o resto da semana dedicada a incontáveis releituras. Quando aprontava alguma malcriação, meu castigo era ir para a cama sem ler. E eu ficava arrasado.

Não me recordo do primeiro livro que li. Lembro-me do primeiro que me fascinou. Um dia, meu pai me levou à Bienal do Livro e me disse para escolher um livro. Não lembro quantos anos eu tinha, mas apliquei a mesma técnica aprendida nas bancas de jornal. Escolhi Os Doze Trabalhos de Hércules, de Monteiro Lobato, mais pelo número de páginas do que qualquer outro atrativo. Este foi o livro que me abriu as portas para a literatura. Sem a limitação das gravuras, minha imaginação decolou para além das páginas. Virei um rato de biblioteca. Lembro-me de minha mãe me dizendo: "Economizo em tudo, menos em livros". E eu abusei dessa sua regra até não poder mais.

Em 1989, minha mãe abriu uma locadora de livros. Logo em seguida, me "contratou". Minha função oficial era ser um tipo de office boy. Eu a ajudaria no que ela pedisse e em troca receberia uma graninha para meus gastos juvenis. E, quando não tinha nenhuma tarefa a fazer, eu lia. Foi a época em que mais li em toda minha vida. Lia cerca de 10 livros por mês. Lia sem parar. E de tudo. De Sidney Sheldon a Victor Hugo. De Guy de Maupassant a Philip Roth. Mas nunca pensei em escrever. Por que escrever se tinha tanta coisa para ler (quando minha mãe vendeu a locadora, ela já possuía mais de dez mil livros em seu acervo)?

Mas tudo mudou no dia que tomei um fora de uma namorada. Aquilo me arrasou. Fiquei tão inconsolável quanto um adolescente apaixonado pode ficar. Como não tenho a menor vocação para suicida, decidi tentar expurgar os pensamentos mórbidos de minha cabeça escrevendo um bilhete de suicídio. Mas, como não queria assustar minha família, mascarei minha intenção criando o bilhete de suicídio de outra pessoa. Foi meu primeiro conto (mesmo que a intenção não tenha sido essa). Passada a tristeza, mostrei aquele texto a algumas pessoas. Só de curtição, não contava a elas que na verdade eu o tinha escrito. Colhi algumas reações emocionadas. Até demais. Foi quando acendeu a luzinha: eu podia ser um escritor. Ou, pelo menos, sabia mentir como um.

Escrevi outros contos depois disso. Angariei elogios. Senti-me confiante o suficiente para dar o passo seguinte: escrever um romance. Levei um ano para terminá-lo. Era uma história juvenil de espada e magia com o cafona título de A Espada de Taranis. Relendo-o hoje em dia, vejo muitos erros infantis. O livro é uma colagem de minhas histórias favoritas (Conan, o Bárbaro, O Senhor dos Anéis e, claro, Star Wars). Mas também vejo diversos méritos nessa minha primeira empreitada. Estão lá a construção dos personagens, do cenário, o drama, o conflito e, pasmem, até uma reviravolta ao final.

Mas confesso que esses fatores não surgiram por conta de um planejamento, de estudo, nada disso. Eu estava apenas repetindo os elementos que havia lido durante toda a minha vida. Sua construção foi caótica, desregrada e quase instintiva. Eu não sabia como a história ia terminar até o momento em que decidi que escreveria o capítulo final. É a forma mais comum de criação.

Hoje, mais de vinte anos depois de escrever o ponto final daquela história, meu processo criativo é completamente diferente. Hoje, escrever não é uma atividade que apenas me entretém. É uma profissão. Tenho um método, utilizo-me de estratégias e regras, a maioria delas estipuladas muito antes de eu nascer. Sei exatamente como uma história vai terminar antes mesmo de escrever a primeira linha. Esses processos foram incorporados de acordo com a necessidade. Adaptados após diversas tentativas e erros. Não digo que são definitivos, mas são meus.

E é aí que reside o problema.

Apesar de minha paixão por letras, acabei me formando em Engenharia Elétrica. Atuei nesse ramo por apenas um ano. Migrei para o desenvolvimento de software, que era o mais próximo da criação que se conseguia chegar nesse meio. Meu aprendizado em linguagens de programação tem muitos paralelos com minha formação literária. No início, foi um caos. Aos trancos e barrancos, fui aprendendo. Minha carreira foi amadurecendo junto com a Revolução Digital (quando os nerds saíram dos porões empoeirados dos CPDs e tomaram o mundo de assalto). Hoje, desenvolver software não é mais visto como uma coisa de "micreiro", mas uma profissão séria e, por que não dizer, essencial em nosso dia a dia. Ter um computador hoje é tão comum quanto ter um liquidificador (pensando bem, até mais. Cheguei a ter três computadores em casa e nenhum liquidificador, mas divago). Como uma atividade que há vinte ou trinta anos era considerada de nicho cresceu e se profissionalizou tanto?

Graças a metodologias.

Tá, imagino você torcendo o nariz agora. Mas não vá embora ainda. Deixe-me explicar. Hoje, criar um programa de computador é um processo que demanda diversos profissionais, com formações e conhecimentos complementares. A chamada "cadeia de produção" é um ambiente heterogêneo e complexo, que, se não tiver uma série de regras e técnicas, não chegará a lugar algum. Os tais "micreiros" do início da informática hoje são analistas de sistema, arquitetos de informação, programadores, técnicos de suporte, de testes, de homologação, de integração e mais um monte de coisas. E também temos os executivos: diretores de TI, gerentes de projeto, coordenadores de equipes e, acima de tudo, clientes famintos com demandas cada vez maiores. Caso não houvesse um método, uma ordem a ser seguida, ainda estaríamos engatinhando em telas de fósforo verde e programas inúteis.

Um desses métodos chama-se Scrum. Ele é um processo de desenvolvimento ágil, em contraponto com métodos anteriores, altamente burocráticos e castradores. Esse processo se tornou revolucionário principalmente pelo fato de delegar aos desenvolvedores do software a responsabilidade de definir os prazos e o cumprimento das metas (sim, por muito tempo os prazos eram inexplicavelmente ditados pelo cliente). Outro fator importante é que o cliente também é envolvido em cada etapa, garantindo com isso uma maior satisfação com o produto final e evitando retrabalho.

Tá, e daí?, você deve estar perguntando. O que isso tem a ver com criação literária?

Em uma palavra: profissionalismo.

Como eu disse antes, sigo diversas regras quando escrevo. Mas não apenas regras gramaticais. Muitas regras voltadas à produção e criação são autoimpostas. É uma maneira amadora de exercer meu ofício, pois a grande fraqueza das regras autoimpostas é que posso quebrá-las quando bem entender. Então, mesmo tendo regras, o processo de criação ainda é caótico. E o maior vilão da criação literária é a procrastinação. Conheço diversos escritores talentosos que confessam que têm projetos de livros engavetados, romances inacabados, histórias promissoras jogadas em um limbo sem fim. O que falta? O que impede que esses projetos sejam levados a cabo? Se fizéssemos uma enquete com esses mesmos escritores, veríamos muitas justificativas. Falta de motivação. Falta de tempo. Problemas. Família. Dívidas. Cachorro. Internet. Milhares de desculpas, esfarrapadas ou não, que só servem para empurrar com a barriga o que deveria ser simples.

O ambiente de desenvolvimento de software sofria dos mesmos males. Então, o Scrum veio para tentar solucionar esse problema. O termo "scrum" vem de uma técnica utilizada no futebol americano (que, confesso, conheço pouco), na qual a linha de defesa literalmente empurra os adversários, de modo a avançar até a sua meta. E é exatamente isso que o método faz. Ele estipula uma série de técnicas e métodos para "empurrar" o desenvolvedor rumo à sua meta, neste caso um produto a ser entregue a um cliente. Analisando essas técnicas e me valendo de analogias e adaptações, elaborei um método que pode, sim, ser aplicado à criação literária.

Nas próximas páginas eu detalharei cada passo desse método. Não pretendo de forma alguma pasteurizar ou formatar a criatividade de ninguém. O que você verá aqui é uma série de práticas que empurrarão sua força criativa em direção à uma meta: escrever um livro.

Está aqui ainda? Então, vamos começar.

A quem se destina este livro?

Este livro se destina aos escritores e escritoras que têm em mãos a missão de escrever um livro. Simples assim. Essa missão pode ter várias origens. Pode ser aquela história que de repente surgiu em sua cabeça e que precisa ser contada. Pode ser uma necessidade egocêntrica por atenção. Pode ser uma encomenda. Pode ser a garantia de comida em sua geladeira no final do mês. Não importa. É para aqueles que desejam começar e/ou terminar de uma vez por todas aquele livro, aquele projeto que está postergado indefinidamente, ou aquele cujo prazo está chegando ao fim.

O intuito aqui é criar uma série de práticas que poderão, se levadas devidamente a sério, "empurrar" você na direção de sua meta. Sendo assim, esse método será melhor aplicado caso parta de uma ideia já concebida, um tema já proposto. Nunca foi minha intenção que este livro fosse escrito com a pretensão de ensinar alguém a escrever ou mesmo ajudar no processo de publicação (apesar de que o método pode aumentar suas chances de maneira significativa). Para este caso, listarei algumas sugestões no final do livro, pois mesmo não pretendendo citá-las no texto, sem dúvida considero-as como obras de referência essencial e que ajudaram muito em minha formação.

O verdadeiro público-alvo deste livro é aquele que deseja tratar o ofício de escritor como uma atividade profissional, a render frutos e alcançar o maior número de leitores possível, mas mantendo o saudável hedonismo e o prazer de escrever uma boa história para bons leitores. A essas pessoas este livro não é apenas dirigido, mas também dedicado.

O que é Scrum?

Quando eu era garoto, precisei fazer natação não apenas como esporte, mas como tratamento. Nasci com bronquite asmática crônica e, somado a isso, minha coluna vertebral parecia a de uma serpente epilética. A natação era um remédio completo, que atacaria tanto a parte respiratória quanto a postural. Por conta disso eu precisava treinar várias vezes durante a semana. Acabei me tornando, sem falsa modéstia, um excelente nadador. Meu treinador percebeu isso e me colocou num ritmo de treinamento cada vez mais insano. Eu treinava todos os dias, de duas a três horas sem parar. Não importava o quanto estivesse frio, lá estava eu, indo e voltando na solitária missão de percorrer os vinte e cinco metros da piscina semiolímpica do colégio repetidas e monótonas vezes. Para conseguir isso no melhor tempo possível, tinha que prestar atenção em diversas coisas. A maneira como minhas mãos entravam na água. O ritmo da batida de meus pés. A sincronização da respiração. A linha de azulejos azuis-escuros no fundo da piscina, que me guiava. As cores das raias me dizendo que a piscina estava no fim. O número de braçadas possíveis antes de chegar à borda, fosse para realizar uma virada olímpica ou evitar arrebentar a mão na batida. Era uma sequência de processos, de pequenos procedimentos que, se feitos corretamente e no tempo certo, garantiam um bom resultado e, em um dia bom, até um sorriso de meu treinador.

Mas havia diferentes provas, o que me obrigava a adaptar as técnicas a cada tipo. Em provas de 25 ou 50 metros eu só tirava a cabeça para respirar uma ou duas vezes. O desafio era manter o estilo durante a explosão necessária. Em uma prova curta, você usa toda a sua velocidade desde o começo. Mas havia provas mais longas. Nas provas de 1.500 metros, a velocidade era importante, mas conseguir chegar ao final era mais. Era uma prova exaustiva. No começo, foi difícil. O impulso de nadar o mais rápido possível sempre me assombrava. Abandonei várias provas na metade, exausto.

Foi quando meu treinador me disse: "Uma piscina por vez". Começamos a treinar todos os dias minha resistência. Uma piscina por vez. Sem pressa, no tempo certo. Logo eu já conseguia terminar a prova. Depois, comecei a fazer isso mais rápido. Ao final, até conseguia chegar com algum fôlego de sobra.

Você já deve ter entendido a analogia. Nadar, como qualquer outra atividade complexa, pode ser definido como uma soma de processos menores usados com um objetivo específico. Esse objetivo (no caso, nadar os 1.500 metros no menor tempo possível) não seria realizado se cada pequeno processo não fosse completado no tempo e qualidade necessários. Simples assim.

O Scrum nada mais é que uma formalização desse método. Ao ter em mãos um projeto, seja ele qual for, nós nos sentimos soterrados pela pressão. Enxergar o macro é avassalador. É por essa razão que o primeiro passo quando somos confrontados com uma determinada tarefa hercúlea é quebrar aquele monstro em pequenos monstrinhos, mais facilmente gerenciáveis. Uma piscina por vez. Para que essa "quebra" se torne mais coesa (e mais fácil de lidar), o Scrum sugere uma divisão clara dos papéis das pessoas envolvidas no processo (roles), uma sequência de eventos com tempo determinado (time boxes) e uma série de entregáveis factíveis a serem desenvolvidos durante o projeto.

> *Nota: Neste começo, nomearei os papéis dos envolvidos com suas definições originais, em inglês. Mas não se preocupe: essa nomenclatura será adaptada mais adiante.*

Como papéis, temos o *Product Owner* (Dono do Produto ou Cliente), que é a pessoa a quem devemos satisfazer ao final do processo, o *Scrum Master*, que é o responsável por garantir a aderência de todos ao processo, e o *Scrum Team*, que são os responsáveis pelos prazos e pelo desenvolvimento do projeto em si. Mais para a frente, farei uma explicação mais detalhada desses papéis, bem como de sua adaptação a determinados cenários para o nosso caso de estudo (sim, prometo que já chegaremos à criação literária).

Já os time boxes recomendados são a Reunião de Planejamento do Projeto, a Reunião de Planejamento do Sprint, o Sprint, a Reunião Diária, a Revisão do Sprint e a Retrospectiva. Não se assuste com essa avalanche de termos ainda. Todos eles serão devidamente explicados no momento oportuno.

De todos esses eventos, o mais importante é o *Sprint*. É nele que o desenvolvedor efetivamente trabalhará no produto. Todos os outros servem apenas para garantir o cumprimento das metas estabelecidas para esse sprint. O ciclo de interações do Scrum é comumente ilustrado com o gráfico a seguir:

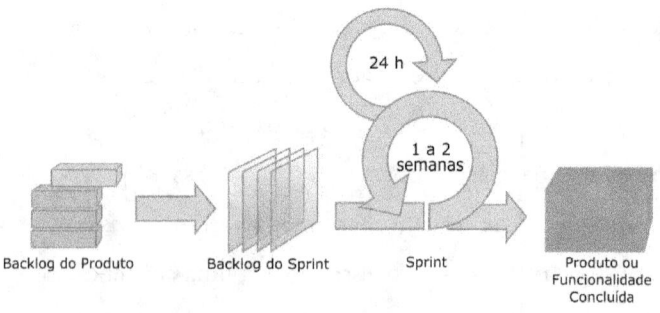

Backlog do Produto   Backlog do Sprint   Sprint   Produto ou Funcionalidade Concluída

Por fim, o Scrum também define uma série de Artefatos a serem utilizados durante o desenvolvimento e que poderão ou não fazer parte dos entregáveis do produto ao final de cada sprint; ele também sugere algumas Regras a serem seguidas pelos envolvidos no processo.

O importante a se ressaltar é que o Scrum não é de modo algum algo fixo e engessado, que cortará a criatividade ou diminuirá o prazer da criação, especialmente quando falamos de criação literária. O método em si é completamente adaptável e o escritor será não apenas responsável pelo estabelecimento das metas e prazos, mas também pelo seu cumprimento. Longe de ser um manual, o Scrum está mais para uma base com a qual o escritor pode estabelecer metas, prazos, métricas, entregas e cumprimento de resultados estabelecidos, moldando tudo isso de acordo com as necessidades. Para conseguir tal objetivo, o Scrum é sustentado por três pilares:

1. **Transparência**: tudo o que está sendo feito, tudo o que pode gerar atrasos e todos os impedimentos devem ser levados em consideração e explicitados durante o processo. Só assim a qualidade do produto pode ser garantida.

2. **Inspeção**: de modo a garantir que a meta seja atingida, é preciso acompanhar cada processo e suas devidas consequências a todo momento.

3. **Adaptação**: se durante o processo algo novo surgir ou novas ramificações foram descobertas, seja por conta de atrasos ou impedimentos, seja por causa de algo que não foi levado em consideração no início do projeto, deve existir espaço para adaptação, seja em termos de escopo, prazo ou especificações, de modo a garantir sua entrega.

Esses pilares sustentarão todo o processo de desenvolvimento do produto final, no caso, o seu livro. Obviamente eles serão adaptados de acordo com a realidade da criação literária, que é bem diferente da realidade do desenvolvimento de software (mas nem tanto assim).

Mantenha em mente sempre uma coisa: o Scrum não é um método por si só. Ele é na verdade uma "escada" ou uma "caixa de ferramentas" que serve apenas como auxiliar no processo de criação de seu livro. Se encarado dessa forma (e levando sempre em conta o terceiro pilar, o da adaptabilidade), ele será extremamente útil para que o escritor atinja sua meta. Não há nada gravado em pedra aqui. O processo se mostrou extremamente funcional no desenvolvimento de software e tenho certeza de que o mesmo acontecerá para a criação literária, desde que alguns ajustes sejam feitos.

Vamos começar?

Definição dos papéis (roles)

Sei que muitos de vocês lerão a palavra "equipe" aqui presente com um arrepio. Escrever é, via de regra, uma tarefa solitária. E deve permanecer assim. Mas não estamos falando simplesmente de sentar e escrever. Estamos falando em produzir um livro. Em terminar um romance, compilar uma coletânea, finalizar um produto pronto para o mercado editorial. E o processo editorial não é nem de longe uma tarefa solitária. Claro, é possível lançar um livro por conta própria, realizando todos os processos sem a ajuda de ninguém. Mas estamos falando de um projeto profissional. Um escritor que revisa o próprio trabalho cometerá muitas falhas. É impossível emitir uma leitura crítica isenta de seu próprio trabalho. Você pode até ter conhecimentos gráficos para diagramar, ilustrar e publicar seus livros, mas o mais comum é delegar essa tarefa a outros.

Para uma equipe.

É claro que nem sempre será possível contar com todos os papéis aqui descritos. Às vezes, uma mesma pessoa terá que atuar em tarefas simultâneas. Partiremos então de um cenário ideal, para depois adaptar os papéis de acordo com as situações mais usuais. E, no Scrum, esses papéis são:

Product Owner (Editor):

O papel do P.O. (literalmente "Dono do Produto") será dado ao Editor. É ele quem tomará as decisões editoriais, como tema, público-alvo, posicionamento, marketing e outras coisas com as quais a maioria dos autores normalmente não deveria se preocupar (pelo menos não diretamente). É ele quem tentará transformar o produto-livro em lucros. Seu envolvimento será mais comercial. Caso o produto seja fruto de uma encomenda, ele terá a palavra final em muitos aspectos. Caso o editor seja aquele que receberá seus originais, ele deve ser levado em conta durante todo o processo de criação, mesmo que não interfira diretamente. Você tem que desejar contar histórias para leitores, é claro, mas, quando se fala em vender um produto, seu editor deve ser seu primeiro leitor. Se ele não comprar sua ideia, ninguém mais comprará.

Scrum Master (Produtor):

Dentre todos os membros dessa "brigada literária", o papel do Scrum Master talvez seja o mais difícil de se encontrar, especialmente em nosso mercado. Em desenvolvimento de sistemas, o Scrum Master é quem se certifica de que o método seja seguido e que o desenvolvimento do produto esteja avançando. Aqui ele terá o mesmo papel, mas sob uma perspectiva um pouco diferente. Um paralelo que pode ser feito é com o de um produtor musical durante a gravação do álbum de uma banda. Ele será a pessoa que ficará ao lado do escritor durante todo o processo criativo, garantindo que a história avance e os prazos sejam respeitados. Ele será uma espécie de leitor crítico, apontando falhas e fraquezas na trama, evitando, por exemplo, que uma cena de estupro seja incluída em um livro infantojuvenil (pode parecer irreal, mas na primeira versão de "A Espada de Taranis" foi exatamente isso que aconteceu). O Scrum Master deve ser obrigatoriamente uma pessoa envolvida em todo o processo, capaz de tanto apontar as falhas do autor quanto tentar remover impedimentos que façam com que o livro não avance. É possível que o Scrum Master acumule o papel de Product Owner (por exemplo, o organizador de uma coletânea temática), mas o ideal é que as tarefas não se misturem, pois pode haver conflito de interesses.

Scrum Team (Escritor, Revisor, Capista, etc.):

É neste patamar que se encontram os escritores em si. Se os papéis de Product Owner (Editor) e Scrum Master (Produtor) estão apenas envolvidos no processo, o Scrum Team está comprometido, afinal, é dele a responsabilidade pela realização do projeto.

Na metodologia Scrum, tanto o Product Owner quanto o Scrum Master são chamados de "galinhas" e os membros do Scrum Team são conhecidos como "porcos", devido a uma anedota que diz que uma galinha se aproxima de um porco com a intenção de juntar forças e abrir um restaurante cujo nome seria "Presunto com Ovos". O porco imediatamente recusa a oferta, argumentando que, enquanto a galinha estaria apenas envolvida no projeto, ele estaria comprometido. Não pretendo usar essa denominação aqui, mas a metáfora ilustra de forma satisfatória o papel de cada um no processo.

Mas o autor não é a única pessoa dentro do Scrum Team (se fosse, precisaríamos encontrar uma nova denominação). Durante a realização de um livro, outras pessoas estarão comprometidas. Para a realização de um trabalho profissional, e consequentemente comercial, é necessária a atuação de um bom leitor crítico, um ou mais revisores, um diagramador, um capista (que pode ou não contar com um ilustrador), um assessor de imprensa, etc. Tal qual uma equipe de desenvolvimento de software, cada um terá uma participação importante em determinados pontos do processo. O fato de nem sempre essa participação ser realizada simultaneamente não tira a importância de que todos atuem como uma equipe.

Adaptação para diferentes cenários

Todo mundo que já participou do processo de elaboração de um livro sabe que o cenário descrito anteriormente é o cenário ideal (ou, pelo menos, seria numa realidade mercadológica mais madura). Infelizmente, é muito difícil contar sempre com uma equipe completa, focada e comprometida com a realização do livro como um produto profissional. Há situações e situações. Abaixo darei alguns exemplos que ilustrarão de maneira mais clara adaptações ao método de modo a não inviabilizá-lo por falta de mão de obra e mesmo assim alcançar o resultado desejado. De novo: as regras aqui contidas não são escritas em pedra. São apenas sugestões. Sinta-se à vontade para adaptá-las à sua realidade sempre que possível.

Cenário 1: Lobo Solitário

É o cenário mais comum. Um escritor ou escritora tem uma ideia para um livro. Depois de fazer a pesquisa e o planejamento, senta e escreve. Não há compromisso com prazos nem com a produção. O único envolvido é o próprio autor. Escreve quando dá, quando arruma um tempo, quando a inspiração vem. É algo artesanal, lúdico.

Entenda: não estou dizendo que quem trabalha dessa maneira é, via de regra, um amador. O profissionalismo é inerente ao indivíduo, não ao processo. Na verdade, todas as pessoas que se embrenharam no caminho das letras efetivamente começaram assim. Se essa estratégia funciona com você (ou seja, você consegue terminar seu livro), nada impede que continue dessa maneira. O problema é que essa é uma técnica cheia de riscos e impedimentos que quase sempre bloqueiam o autor na realização de sua obra. Terminar um livro é uma tarefa árdua, que depende muito do grau de comprometimento e até mesmo de uma certa obstinação do escritor. Tanta coisa pode nos tirar de nosso caminho. Entre elas, podemos citar o que eu chamo de 3Ps:

1.   **Procrastinação**: talvez o maior impeditivo. Temos tendência a empurrar tarefas com a barriga. Tudo é desculpa para não sentar e escrever. Somos criaturas sociais e vivemos num mundo que nos bombardeia com distrações a cada segundo. Cinema, TV, internet, rádio, revistas, livros... O ato de conseguir escrever pode ser considerado até um esforço hercúleo de boa vontade, se você parar para pensar. Não digo que não devamos fazer essas coisas. Pelo contrário. Mas é preciso estabelecer uma rotina que inclua, entre estas tarefas, sentar e escrever.

2.   **Problemas**: todos temos problemas. Contas a pagar, família, consertos na casa, relacionamentos, saúde, trabalho, etc. E como normalmente a resolução desses problemas é prioritária, deixamos o ato de escrever em segundo plano. E é preciso fazer isso mesmo! Mas há problemas que invadem não apenas o horário comercial, mas também ocupa nossas cabeças em momentos que não temos como resolvê-los. Especialmente na hora de escrever. Não devemos negligenciar os problemas, mas no tempo livre o ideal é esquecê-los um pouco. E escrever ajuda.

3.   **Preguiça**: este é inevitável. Pouquíssimos escritores em atividade vivem exclusivamente de literatura. Para o resto, é uma segunda atividade, realizada nas horas vagas em casa. Sendo assim, temos empregos a manter no horário comercial. E empregos têm a triste tendência de serem trabalhosos e cansativos. Somando aos problemas anteriormente citados, após uma jornada diária de trabalho exaustivo é compreensível que

queiramos chegar em casa, encostar a cabeça no sofá e relaxar. De novo, nada de errado com isso! Mas, como eu disse, escrever é um ato de dedicação, e você só poderá alcançar seu objetivo se sacudir essa poeira e colocar a mão na massa.

Há outros impeditivos, é claro, mas esses três abrangem a maioria. A verdade é que quem se dispõe a escrever um livro deve ter em mente que esse esforço demanda sacrifícios, e que nem sempre conseguimos nos esforçar o suficiente por conta própria. É por esse motivo que a finalização de uma obra pode levar meses ou até mesmo anos. Isso quando conseguimos terminar. A empolgação inicial desaparece rápido, perdemos o foco, deixamos a bola cair. Um novelista é um maratonista. Não pode gastar todo o fôlego no começo e não terminar a prova.

Nessa situação, o escritor não tem ainda definida a figura de um editor. Ele está escrevendo um livro, oras! Só depois de finalizado ele se preocupará com a publicação, não é? Tampouco conta com revisores, capistas, diagramadores e o resto. Com essa estrutura, é fácil prever que a criação de uma obra se estenderá por um prazo indeterminado e, com isso, o risco de vê-la abandonada é imenso.

E como o Scrum pode ajudar nesse caso?

Como o Scrum é uma metodologia de trabalho em grupo, o primeiro passo é mudar a perspectiva de "escritor eremita" e montar uma equipe. E o primeiro nome dessa lista deverá ser o de um Scrum Master, ou, como passaremos a chamá-lo agora, um Produtor Literário. Este deverá ser uma pessoa comprometida com o projeto, que participará de cada etapa e cobrará os prazos (falaremos sobre isso mais adiante). Ele o ajudará com o planejamento tanto da trama quanto do cronograma de produção. Ele fará a primeira leitura crítica, sugerindo correções e apontando incoerências. Essa pessoa poderá ter vínculos afetivos com o escritor, amizade ou mesmo um acordo comercial. O importante é que seja alguém que esteja de algum modo comprometido com sua obra. Será esse o responsável por "empurrar" o escritor em direção à sua meta.

Outras pessoas podem se juntar à equipe durante o processo ou até mesmo após o término da primeira versão do texto, mas nesse cenário é pouco provável que elas surjam. São os leitores críticos e os revisores de textos. Se for o caso, um agente literário poderá participar também. Ele tentará conseguir que algum editor compre sua ideia. Caso seja bem-sucedido (e é importante ressaltar aqui o CASO), o resto do time será envolvido naturalmente.

Como podemos ver, a mudança entre o processo inicial caótico e o Scrum é sutil. Basicamente, temos a inclusão da figura do Produtor Literário durante a criação do livro. Os outros papéis serão preenchidos no tempo certo, mas o mínimo para começar é arrumar um Produtor de confiança.

Cenário 2: O Enforcado

Nesse cenário a situação é outra. Aqui, temos desde o início do processo a figura de um Product Owner, ou um Editor. Esse caso normalmente se aplica a escritores que já publicaram alguma coisa antes, já demonstraram que sabem escrever (mas também pode se aplicar a autores inéditos) ou angariaram algum respeito ou confiança de algum Editor. Enquadram-se nesse cenário:

1.   Coletâneas temáticas: quando há um prazo de envio dos originais para análise. Esses casos normalmente seguem uma fórmula tanto no que tange ao tema (público-alvo, estilo, tema central) quanto de tamanho dos textos (número de laudas ou caracteres).

2.   Encomendas: nesse caso pode ser um artigo, conto ou crônica para uma publicação qualquer (livro, revista, blog, etc.) com prazos curtíssimos e linha editorial especificada previamente. Aplica-se aqui

também uma coluna com frequência estabelecida (diária, semanal, mensal...).

3.   Romance "da onda": quando um editor já conhece seu trabalho e pede um romance inteiro, baseando-se em um tema ou premissa que estão ou estarão na moda, para aproveitar a "onda" editorial.

4.   Texto "ganha-pão": quando sua produção literária é fator determinante de sua renda mensal, o que o obriga a uma produção constante caso queira sobreviver.

Excetuando-se o item 4, todos os outros são absolutamente normais caso você queira entrar no mercado editorial. Para ser considerado profissional, um escritor não precisa apenas saber escrever (isso é um pré-requisito), mas também ter comprometimento não só com sua produção, mas com seus leitores, sua divulgação e os lucros que advêm de seus textos. Imagine um Editor que precisa de determinada obra em determinado período para aproveitar um momento estratégico no mercado editorial. Em quem você acha que ele apostará suas fichas? Em um profissional que cumpre prazos e metas, que entrega o produto-livro com a qualidade esperada e no tempo planejado, ou naquele maluco recluso que só escreve quando bate a inspiração?

Nessa situação, o Scrum serve como uma luva. No início do processo estarão envolvidos o Editor (Product Owner), o Produtor (Scrum Master) e o Escritor (Scrum Team). Nesse ponto serão delineados detalhes como tema, tamanho, público-alvo, prazos, etc. Em seguida, Produtor e Escritor planejarão todos os passos (sprints) para adequar a produção ao prazo estabelecido. Serão definidos os entregáveis de cada passo. Planejarão leituras críticas e reuniões a respeito destas (sprint reviews). Definirão o início das revisões e entregas. Se for o caso, já instruirão o Diagramador e o Capista. Tudo isso antes do escritor sentar e escrever a primeira linha.

Está comigo ainda? Nesse momento, consigo até sentir sua raiva. Esse maluco está querendo formatar a produção artística! Peguem os archotes e os forcados!

Não é nada disso. Não é meu intuito aqui ensinar ninguém como nem o que escrever. A inspiração é um elemento necessário (apesar de supervalorizado). É o primeiro empurrão. Isso não deve se perder em burocracias e processos. O que proponho aqui é uma maneira de continuar empurrando a produção para que ela não pare no meio do caminho.

No próximo capítulo, detalharei cada fase desse processo, desde a concepção até o ponto final..

Planejamento

A concepção de um novo texto pode vir de várias formas. Pode ser uma inspiração repentina. Pode ser um tema espinhoso que peça uma intervenção artística. Pode ser uma encomenda. Pode ser um hábito. Pode ser a única maneira de adiar a inevitável loucura. É o momento da criação propriamente dita, quando uma ideia se torna um conceito e deste conceito germina uma história. Cenários, personagens, mensagens, sentimentos, tudo vem de uma vez.

Nessa hora, a primeira coisa que queremos fazer é sentar e sair escrevendo. É um impulso ao qual é difícil resistir. Não o ignore quando ele aparecer. Mas caso esse trabalho tenha um prazo definido ou você saiba que será uma maratona que abocanhará suas horas livres nos próximos meses, antes de sentar e escrever é importante investir um tempo em planejamento. E nada melhor para começar um projeto de longo prazo que uma reunião de definições básicas logo no início do processo.

Kick-off meeting

Esta primeira reunião é normalmente entre o Editor (se ele já existir) e o Escritor. Nela, será definido qual o produto a desenvolver: uma ideia de uma coletânea. Uma coleção temática. Sua opinião a respeito de alguma coisa. O esboço de um romance. O Produtor deve participar, mas apenas como ouvinte. Neste ponto devem ser acertados todos os detalhes pertinentes ao produto final. São eles:

• **Tema**: em encomendas, o Escritor recebe o tema de bandeja do Editor. Caso ainda não haja a figura de um Editor, é interessante que o Escritor estabeleça um tema. Algo genérico. "O drama das mulheres do Afeganistão", "Traição", "Fantasmas no sótão". Algo assim. Não é obrigatório, mas ajuda.

• **Público-alvo**: pensar em quem vai ler seu texto nunca é uma má ideia. Pensar a respeito disso logo no começo ajudará muito no desenvolvimento de sua voz narrativa (ou mesmo argumentativa). Auxiliará no planejamento de cenas e no desenvolvimento das tramas. A classificação pode ser simplista (infantil, juvenil, madura, etc.), por faixa etária (8 a 16 anos, acima de 40, etc.) ou mesmo específica ("para mulheres de mais de 35 anos divorciadas e sem filhos"). Não importa. O que interessa é estabelecer um público. Essa definição deve ser firmada com o Editor. Confie em mim. Vale a pena estabelecer isso previamente.

• **Tamanho**: número de laudas, limite de caracteres, formatação do texto, fonte, espaçamentos, margens, cabeçalhos, etc. são essenciais no caso de contos, artigos, crônicas e outros textos mais curtos. Mas são importantes também no caso de romances. O tamanho de um livro influi muito no custo de produção. Se possível, verifique as expectativas do Editor. Talvez não seja o momento de desencalhar aquela decalogia com 1.000 páginas em cada volume que você planeja desde os 16 anos. Talvez um romance de 200 a 300 páginas seja o que ele está procurando. Claro, uma história deve ter o tamanho que deve ter, mas, caso queira mesmo desencalhar a decalogia, é bom que deixe isso claro para o Editor logo no começo. Caso ainda não exista um Editor, a liberdade é um pouco maior. Mas bom senso é sempre uma boa pedida.

• **Prazo**: aqui você encontrará o maior impacto na produção independente (sem Editor). Prazos deverão ser estabelecidos. E cumpridos. O artigo deverá ser entregue até o dia tal, hora tal, no endereço tal. O original será finalizado na data tal. Especifique. Explicite. Registre em cartório se for o caso. Espalhe para seus amigos e parentes. Comprometa-se.

Terminado o planejamento, ele deve ser formalizado. Em análise de sistemas, costumamos definir esse documento como Documento de Visão. É o primeiro artefato, de onde todo o projeto germinará. Crie esse documento. Assine-o. Faça-o o mais oficial possível, mesmo que o cliente seja você mesmo por enquanto. Um início foi estabelecido. Agora, só há uma direção a correr.

Encontrando seu texto

Muito bem, a encomenda foi feita, o tema escolhido, o público-alvo, o tamanho e o prazo definidos. Agora é hora de sentar e escrever, não é isso?

Calma. Ainda há mais alguns passos. Essenciais. Pode parecer redundante, mas antes de escrever um Escritor deve encontrar seu texto. Pensar a respeito dele. Pensar em quem vai lê-lo. Que mensagem ele quer passar? E de que maneira farei essa mensagem ser passada?

Tudo isso deve ser pensado antes de começar. Use o que já tem anotado no Documento de Visão. Pense com calma. O trabalho de escrever é muito mais que sentar na frente de um computador (ou máquina de escrever, ou caderno, ou tabletes de barro, tanto faz) e começar a enfileirar palavras. Escrever é muito mais que narrar uma sequência de cenas. É muito mais que encadear diálogos. Um texto bem escrito tem uma estrutura, uma base. Não, não são regras (embora em muitos casos elas existam, mas isso é outra coisa a ser pensada nessa fase). São suas guias. O esboço que precede o rascunho. É onde o escritor estabelece seus limites, delineia a linha mestra.

Nota: Há muitos aspectos a serem levados em conta. Muitos deles vão muito além do objetivo deste texto (sim, eu planejei). Não é e nunca foi minha intenção fazer aqui uma oficina literária ou ensinar ninguém a escrever. Como já disse antes, saber escrever é um pré-requisito. Caso esteja interessado em aprender técnicas de produção literária ou regras gramaticais, sugiro a leitura de outro livro.

A melhor maneira de estabelecer esses limites é fazer uma série de perguntas a si mesmo (ou a outra pessoa, se for o caso) a respeito do texto. Inclua-as a um novo documento, chamado de Documento de Planejamento, em uma sessão denominada Premissas. Essas perguntas não precisam ser respondidas em ordem. Na verdade, a resposta de uma influenciará a resposta de outras. Dessa maneira, assim que elas forem respondidas, você estará finalmente com uma história nas mãos. São elas:

• **Qual é a mensagem implícita em meu texto?**

Todo texto tem uma mensagem. Até mesmo textos niilistas no fundo passam a mensagem do niilismo (mas nenhum niilista assumirá isso). Textos são escritos com algum motivo, com alguma intenção. Essa intenção é passar alguma mensagem para o leitor (IMPORTANTE: Não confundir com moral, que é outra coisa). Essa mensagem pode ser panfletária ("Homofobia é ruim") ou apenas um sentimento, como, por exemplo, assustar ou emocionar o leitor. Essa mensagem deve ser um passo além do que foi estabelecido no tema. Não que seja necessário relacioná-la ao tema, mas ao final deve remeter a ele. Eu já disse que escrever é difícil?

• **Que tom devo empregar?**

Aqui damos mais um passo. Temos o tema e a mensagem. Como transmitir a última até remeter à primeira? Devo usar uma linguagem mais ríspida ou mais formal? Palavrões ou eufemismos? Use o Documento de Visão. Veja qual é seu público-alvo. Uma narrativa muito empolada pode espantar leitores mais jovens. Uma linguagem muito técnica pode arruinar uma emoção que se queira passar. Um drama pode ser diluído em piadas infames. Escolha seu estilo. Seja criativo. Misture-os, mas saiba quais está misturando. Defina a maneira como vai escrever seu texto.

- **O que acontecerá?**

Em todo texto alguma coisa acontece. Pode ser que aconteça por duzentos anos e atravesse diversas gerações, pode ser que transcorra no tempo da batida de asas de um mosquito. Não importa. Alguma coisa deve acontecer. É hora de decidir que coisa será essa. Descreva sua história em um parágrafo curto. Uma pequena sinopse. "Mulher centenária decide casar após enterrar seu último filho, para desespero dos netos." "Criança tem medo de um monstro debaixo da cama, sem saber que debaixo da cama há um monstro que tem medo de crianças." De novo, pegue o que você já tem anotado em seu Documento de Visão e com isso estabeleça a sua premissa.

- **Quem é o protagonista?**

Calma, ainda não estamos criando personagens. Bom, tecnicamente, estamos, mas vamos elaborar isso melhor em outro capítulo. O que precisa ser definido aqui é quem será o protagonista. Qual personagem (ou personagens) terá sua história narrada? Qual será seu papel no desenvolvimento da trama? O que mudará nele? Não precisa dar um nome, mas se já o tiver pode batizá-lo. Estabeleça sua faixa etária. Etnia, se for o caso. Deixe os detalhes para depois, mas anote tudo que pensar nesse primeiro momento. Motivações, temperamento, etc. Um bom texto depende de um bom protagonista.

- **Primeira ou terceira pessoa?**

Essa escolha muitas vezes parece natural, mas sua decisão é fundamental para o sucesso ou fracasso de um texto. Quem narrará a história? Será o próprio protagonista? Será um amigo dele? Será um narrador onisciente? De quem será o foco narrativo? Será que apenas a visão de um personagem é suficiente para narrar todos os fatos relevantes? E como essa decisão poderá influenciar o tom do texto?

• **Como a história termina?**

Sim, é isso mesmo. Você precisa saber aonde chegará antes de começar a caminhar. Caminhar a esmo pode até dar certo, mas as chances de que você se perca e desista da jornada no meio são muito maiores. Defina um fim para sua história. Sem detalhes demais. "O protagonista morre ignorando que seu sacrifício de nada serviu." Pronto. Você já sabe aonde ir. Sabe que precisará desenvolver essa morte de alguma maneira. Deverá chegar a ela. Estabeleça o fim. Não se preocupe, não precisa escrever em pedra. Escreva no Documento de Planejamento. Apenas para registro. Talvez o final de seu texto acabe virando algo completamente diferente. Não importa. Rotas podem mudar no meio do caminho. Mas você precisa ter um objetivo para começar. Falando nisso...

• **Como a história começa?**

Muito mais complexo que descobrir como um texto termina é descobrir como ele começa. Começos são essenciais. É o momento máximo de sedução. Um começo mal delineado pode matar todo o texto. Pode ser que, por causa de um início ruim, o leitor até desista de lê-lo. Não é isso que queremos, é? Esse início pode ser uma ideia, um cenário, um evento. Ou pode ser uma frase de efeito (não preciso citar Kafka, preciso?). Não importa. Decida como sua história começará. Anote no Documento de Planejamento. Não se preocupe. Você poderá alterá-lo se for necessário. Mas toda jornada começa com um primeiro passo. Dê esse passo.

• **Qual é o título?**

Sim, eu sei. Títulos podem ser complicados. Podem ser bem fáceis também (nunca óbvios), mas na maioria das vezes eles surgem do meio para o fim do texto. Ou só bem depois. Raramente surgem antes. Tudo bem. De novo, nada do que é aqui definido é definitivo. Se não tem um título, dê um provisório. Mesmo que seja ruim. Um título de trabalho. Não se preocupe. Caso nada surja, dê um título catalográfico. "Estudo nº1 em Drama Menor." Coloque o tema como título. Mas dê algum título. O ato de nomear seu trabalho dá a ele um tom oficial, palpável. Você já tem tudo para começar. Se perguntarem o que anda escrevendo, você já sabe. Mesmo antes de começar a escrever.

O que, aliás, já está na hora. Vamos parar de enrolação?

Planejamento dos sprints

Calma. Já estamos chegando lá. É hora de mais algumas definições rápidas. Essas definições também farão parte do Documento de Planejamento.

Primeiro: quanto tempo esse texto tomará em sua realização? Sairá de uma sentada só ou levará meses (e até anos) em seu desenvolvimento? Como esse trabalho será dividido? Quando vou sentar e escrever? E quando o fizer, o que vou escrever? Podem parecer perguntas básicas (e realmente são), mas pense em quantas vezes você sentou e simplesmente escreveu. Assim, de impulso, sem planejamento ou preparação. E dessas, em quantas vezes você chegou ao fim? E mesmo nas vezes em que chegou ao fim, quantas vezes o resultado ficou bom? Realmente bom?

De novo, não estou aqui para criticar o impulso artístico, o "navegar à deriva" da arte. Muito pelo contrário. Repito que, quando tiver um impulso desses, siga-o sem olhar para trás. Escreva o que lhe vier à cabeça, veleje no oceano de sua inspiração. E, acima de tudo, não deixe que nenhum método ou pessoa o atrapalhe durante a realização de sua obra-prima.

Mas o público-alvo deste texto não é quem já conseguiu isso. São aqueles que saltaram na embarcação apenas para descobrir que o vento acabou no meio da jornada. E quem nunca velejou, mas deseja imensamente fazê-lo. A inspiração é uma coisa quase mágica, que muitos almejam e poucos realmente encontram. Se você já a encontrou, pare de ler e vá escrever. Agora. É sério. Mas, se está parado há meses, bloqueado, constipado ou com qualquer outra desculpa na ponta da língua, um pouco de planejamento vai operar milagres.

Escrever é uma paixão ingrata. Toma tempo. E nem sempre é respeitada. Não o suficiente. Encontrar tempo para escrever muitas vezes é visto como um ato egoísta. Nós mesmos às vezes nos sentimos assim. Escrevo quando tiver tempo. Nas horas vagas. Que nunca chegam. E ideias vão se desvanecendo nesse éter de fundo de gaveta de necrotério. E contos e romances e reportagens e poemas desaparecem antes mesmo de existirem. Queremos e não conseguimos. E perdemos.

Mas como organizar uma tarefa no meio do caos de nossas vidas? Aí é que está o segredo do Scrum: é você quem define isso. É você que realmente dá o prazo, que define suas metas.

Mas me adianto. Um conceito essencial para a organização do tempo é o sprint. E é dele que vamos falar agora.

Sprints

Imagine-se prestes a caminhar por, digamos, 100 km. Apenas pensar na dimensão e do tempo necessário para realizar essa tarefa já fará muitos desistirem antes mesmo de começarem. E muitos dos que começaram dificilmente chegarão ao final. São muitos fatores, muitas dificuldades, muitas variáveis das quais cuidar. Pelo amor de deus, são cem mil metros! E para cada descida haverá uma subida. E chuva, e frio, e fome, e cansaço, e... Ufa!

Já deu para entender, não é? É por isso que um planejamento é necessário. Mas e se, em vez dos 100 km, pensássemos em apenas 10 km? Nos primeiros 10 km. Quantas ladeiras haverá nesse caminho? Será que você consegue fazer 10 km em um dia? Dois? Precisará descansar, se alimentar, se hidratar neste percurso. Onde poderá fazer essas paradas? Comerá em um restaurante na beira da estrada ou levará um lanche?

Percebe? A tarefa ainda é imensa, mas já foi dividida. Já não parece tão impossível. Porque você está respeitando seu ritmo, seu tempo. E isso faz toda a diferença.

Um sprint é a unidade pela qual o tempo e as tarefas serão divididos. A tarefa final (escrever um livro, um conto, uma reportagem, uma peça...) será dividida em diversos sprints menores, com um objetivo claro e à vista. Na verdade, um bom conceito é o de "time boxes", ou "caixas de tempo", em que uma ou mais tarefas deverão ser realizadas. É o famoso exemplo da Metodologia de Jack, o Estripador: divida a tarefa total em tarefas menores e mais gerenciáveis, que tenham um horizonte mais próximo.

Um sprint é uma unidade temporal. Sua duração será estipulada pela "equipe" (neste caso, o Escritor). Por exemplo, vamos estipular que o objetivo seja escrever um romance. Na fase de planejamento já decidimos qual será aproximadamente o tamanho desse romance. Digamos que a estimativa seja de um romance com 200 páginas. Estabeleça linhas gerais. Qual é a estrutura definida? Para fins de simplificação, estabeleçamos nosso exemplo como um tradicional modelo de três atos (Apresentação, Desenvolvimento, Conclusão). Quantos capítulos serão? De novo, uma estimativa grosseira. Duzentas páginas, com capítulos de em média cinco páginas cada. Quarenta capítulos.

Pronto. Você já tem algo com que começar. Lembre-se: utilize tudo que foi definido nos documentos de Visão e Planejamento a seu favor. Use as informações ali levantadas para dividir a tarefa em tarefas menores. Divida sem medo. Vá por partes.

Muito bem, estabelecemos que nosso romance hipotético terá 40 capítulos. Defina agora em quanto tempo esses capítulos serão escritos. Caso já exista um prazo definido (e é bom que exista!), essa resposta é simples. Divida o tempo total pelo número de capítulos. Caso o prazo não tenha sido decidido previamente, agora é a hora. Um compromisso não precisa ser feito apenas com um Editor. Comprometa-se. Estabeleça quando você quer terminar esse romance. Seis meses. Pronto.

Duzentas páginas em seis meses? Você está maluco?

Não, não estou. Continue comigo. Vamos então estabelecer os sprints. Seis meses são 180 dias. Isso dá 1,1 páginas por dia. Isso escrevendo todos os dias, ininterruptamente.

Loucura. Inviável.

Aqui cabe então a pergunta: o quanto você consegue escrever em, digamos, uma semana? Será que é capaz de escrever 5 páginas em 7 dias? É mais factível? Perfeito. Um capítulo por semana, 40 capítulos serão 40 semanas, ou um pouco mais de 9 meses. Esse prazo é possível? Vai ao encontro da expectativa do Editor? Se não, é possível negociar? Ou será necessário um esforço maior?

O que estou tentando mostrar nesse exemplo é que devemos respeitar nossos limites, mas ao mesmo tempo temos que nos comprometer com alguma coisa. Imaginemos um Editor que seja flexível com o prazo estimado. Estabeleça então que seu prazo agora é de nove meses. Ou um Editor que esteja com pressa. Você consegue escrever dois capítulos por semana? Caso positivo, diminua o prazo para quatro meses e meio. Observe a situação, analise suas possibilidades e defina sua meta. Você é um profissional. Conhece seu ritmo. Sabe até onde pode ir. Ou o quanto é capaz de fazer. Use isso a seu favor. Negocie. Comprometa-se.

Então vamos definir que, sim, o prazo de nove meses é razoável (e, por que não, até mesmo auspicioso). Sendo assim, fica decidido que cada sprint terá a duração de uma semana, e que ao final de cada semana um capítulo de nosso romance estará escrito. Pronto.

De novo (e vou dizer isso muitas vezes), não se assuste. Toda essa formalização pode ser alterada a qualquer hora. O importante aqui não é a definição em si, mas comprometer-se com algo. Você tem uma missão à sua frente. Você tem um prazo. Você tem todos os artefatos necessários não apenas para começar, mas também para terminar essa missão.

É hora do último passo do planejamento. É hora de traçar seu primeiro sprint.

Backlog do Sprint

Mais um documento? Sim. Mas este, mesmo sendo trivial em sua realização, é de suma importância.

O Backlog do Sprint é uma carta de intenções. Aqui será estabelecido o que será efetivamente feito naquele sprint. Tudo bem, já definimos que será escrito um capítulo por sprint. Agora é hora de entrar um pouco mais no detalhe. O que acontecerá neste capítulo? Qual personagem será o foco narrativo? Que adição à trama será apresentada?

Sim, você já está escrevendo seu livro. Qual será o primeiro capítulo? Será a primeira aparição do protagonista? Ou será apresentado o crime que iniciará toda a trama? Ou que tal um flashback da infância do antagonista? Tanto faz. Isso é com a história que você quer contar. Defina o que escreverá. Inicie com uma generalização (com um verbo no infinitivo): "Apresentar Carlos" (Carlos é nosso protagonista). Esse é seu objetivo. E como chegar lá? Detalhe mais um pouco. O cenário ("Um bar"). Personagens envolvidos ("O barman, uma loira no balcão, um bêbado inoportuno"). Descreva o mais sinteticamente possível ("Carlos pede ao barman para oferecer uma bebida à garota. Ele o previne que o marido dela está lá, e que é violento. Ele ignora e todos são expulsos do bar após brigarem. Na rua, os três saem juntos em direção a outro bar.").

Reveja suas anotações. Essa cena serve para o propósito definido? O protagonista será apresentado? Caso todos estejam satisfeitos (mesmo sendo apenas você), escreva isso em um arquivo com data. Esse é o seu Backlog do Sprint, que o guiará durante a próxima semana. Agora tudo começou. O relógio já está correndo. É escrever ou escrever. Você tem uma semana.

Está aqui ainda?

Esse é apenas um exemplo. Não é necessariamente o que você FARÁ com seu primeiro Sprint. É uma das coisas que podem ser feitas. Tudo dependerá do seu objetivo final. Em desenvolvimento de software, é comum sairmos codificando antes mesmo de sabermos qual é o produto final. O importante é codificar, é produzir. Isso gera muitas soluções e também muitos problemas. O risco de ter que jogar um monte de coisa fora é imenso. Mas é uma maneira, e com mais ou menos esforço pode ser realizada. Caso o que foi feito já seja suficiente para que você saia escrevendo, por favor, saia escrevendo. Depois a gente corrige. Depois a gente se preocupa. Escreva mesmo.

Mas, caso haja condições (ou mesmo um bloqueio), você pode aproveitar esse tempo para um pouco mais de planejamento. Costumo dizer que um ou mais sprints "queimados" com planejamento no início podem economizar muitos mais ao final. Mas, de novo, é você que estabelece isso.

Então, apenas como sugestão, os primeiros sprints poderiam ser gastos com mais duas coisas simples: Resumo da Trama e Criação de Personagens. Para tanto, criaremos (mais) um documento, que chamaremos de Backlog do Projeto. Este documento será o fiel labrador que o guiará por todo o caminho, então, muita atenção em sua criação. Vamos a ele:

Resumo da trama

No capítulo "Encontrando seu texto" você respondeu a uma série de perguntas a respeito das premissas de seu texto. É hora de voltar a essas respostas e aprofundá-las um pouco mais. Pouca coisa. Agora você já sabe que tem à sua frente 200 páginas, 40 capítulos. É hora de pegar aquela semente de ideia e transformá-la em diversas mudinhas que aos poucos germinarão. Mais uma vez, não se preocupe em engessar sua trama. Mais para a frente você provavelmente descobrirá que serão necessários mais dois capítulos para elaborar um determinado trecho. Ou que uma dúzia de capítulos são completamente descartáveis. Não importa. Não é hora de editar, é hora de criar. Determine por alto o que acontecerá em cada capítulo. Mais ou menos assim:

Capítulo 1:

Apresentação do protagonista.

Capítulo 2:

Descoberta da traição de sua esposa. Protagonista é preso por tentativa de homicídio.

Capítulo 3:

Dois anos depois ele sai da cadeia e busca retomar sua vida com sua filha.

E assim por diante. Detalhe cada descrição o máximo que conseguir enxergar. Naturalmente, os primeiros capítulos serão mais detalhados, e é para ser assim mesmo. A trama ainda está se construindo em sua cabeça. Mas a linha guia, criada por todo o planejamento realizado até aqui, deve estar traçada o suficiente para você chegar até o fim. Se possível, chegue até o fim de qualquer jeito. Pule capítulos se for o caso. Escreva meia dúzia de descritivos, estabeleça onde ocorrerão as reviravoltas na trama, mas escreva o final. Use o material que você criou até agora. Defina o objetivo. É muito provável que o caminho seja radicalmente alterado durante o processo de criação da história, mas poucas vezes o final sofrerá modificações. E apenas altere esse final caso seja absolutamente essencial. Você começou a escrever para chegar a ele. Chegue a ele. Sim, nesse caso os fins claramente justificam os meios. Seja fiel ao seu final. Faça-o acontecer. Perder o controle de seu texto é muito mais comum do que se imagina. Dizer que "o personagem criou vida e mudou tudo" é a desculpa dos descontrolados. Não é o seu caso. Pegue as rédeas de seu texto. Segure-as firme. Seja o Criador, não uma marionete desgovernada. Os leitores percebem na hora cada ardiloso deus ex machina que enfiamos à força em nosso texto para compensar nosso descontrole. Não pense que não. Evite isso a todo custo.

Criação de personagens

Criar um personagem é a parte mais complicada na realização de um texto. Não pretendo aqui esmiuçar as técnicas de criação de personagens. Há diversas delas. Todas muito boas e todas muito ruins. Você deve escolher aquela com que se sente bem. Mas faça. Dê a seu protagonista uma história. Desenhe-o, se essa for sua praia. Preencha um questionário, uma ficha de RPG, faça uma redação. Estabeleça manias, traumas, idiossincrasias. Defina-o não apenas em sua mente, mas no papel. Dê à luz. Nome, sobrenome, família, idade, religião, postura política. Tudo. Como já disse, há diversas técnicas para isso e não pretendo discorrer a respeito de cada uma. Você é responsável por seu método de criação. O importante aqui não é o "como", mas "o que". Faça como quiser. Mas faça.

Claro, ao final do trabalho você terá que criar artefatos (como em todas as fases). Nesse caso, chamaremos os artefatos genericamente de "Fichas de Personagens" (não importando se são realmente fichas ou folhas de papel ou mesmo bonequinhos de cerâmica). E deverão existir ao menos três tipos de "fichas":

1.   **Protagonista(s):** nem preciso explicar a necessidade destes, não é mesmo? São os protagonistas que carregam a trama nas costas. É por eles que sentiremos empatia e por eles continuaremos a ler seu livro. Os protagonistas são os motores da trama. Sem eles não há história. Dê muita

atenção a seus protagonistas. Exagere nos detalhes. Cada característica mínima, física, psicológica e histórica. Estabeleça fundações sólidas para eles até o momento em que serão inseridos na trama. Tudo conta. Pode ser que muita coisa seja descartada depois, mas pode ser que nesses detalhes aparentemente irrelevantes esteja a resposta que impulsionará a trama em um momento chave.

2.   **Antagonista(s):** um protagonista necessita de um ou mais antagonistas. Estabeleça quem (ou o que) ele será. Detalhe-o tanto quanto (ou até mais) que o protagonista. Defina suas motivações. Se o protagonista é o motor, o antagonista é tudo o que pode fazer esse motor quebrar. Mas fuja de maniqueísmos. Lembre-se: um bom antagonista não se considera um vilão. O antagonista se considera o protagonista de sua própria história. Sendo assim, trate-o não apenas como a força contrária ao protagonista. Trate-o como o protagonista de uma trama paralela que, por acaso, é oposta à do seu protagonista. A diferença é sutil, mas essencial.

3.   **Personagens de suporte (ou secundários):** a não ser que sua história se passe em um deserto ou numa ilha desabitada, tanto o seu protagonista quanto o antagonista estarão cercados de outros personagens, alguns mais e outros menos importantes, mas que de um jeito ou de outro enriquecerão a trama. Estabeleça-os também. Nesse caso, pode ser mais generalista, mas caso se sinta confortável detalhe-os o máximo que conseguir. Há diversos níveis de personagens de suporte. Escolha aqueles que ficarão mais tempo na trama e crie suas "fichas". Depois, se conseguir, faça isso com aqueles que só aparecerão em determinado ponto da trama e depois desaparecerão. Mas não perca com eles tanto tempo quanto com os protagonistas e antagonistas. Há poucos holofotes disponíveis na trama, e exagerar nesse ponto apenas aumentará a confusão do texto. Ninguém quer saber das manias de um personagem secundário quando a trama precisa andar.

Resumo dos artefatos

Vamos parar um pouco e revisar o que temos até aqui antes de seguir em frente. Pode parecer que até agora apenas cumprimos uma interminável burocracia que nunca aparecerá no trabalho final, mas todo o esforço realizado até este momento será essencial para evitar ao máximo que você fique bloqueado na realização de seu texto. Pode parecer apenas uma grande pilha de tempo desperdiçado, mas esse material será a sua caixa de ferramentas, suas tintas, seu cinzel e martelo. Todo artista precisa das ferramentas certas para a execução de sua obra. O que você fez até agora foi criar essas ferramentas.

Quer ver? Até este momento, se você seguiu à risca todos os passos especificados, deve ter em mãos pelo menos três documentos de apoio: o Documento de Visão, o Documento de Planejamento e o Backlog do Projeto. Em resumo, esses documentos devem conter:

• **Documento de Visão**

Definição dos papéis: quem é o dono do projeto (Editor), o Produtor, o Escritor, o Revisor, o Diagramador, etc.

Sinopse: um pequeno parágrafo explicando em linhas gerais sobre o que será o livro. LEMBRE-SE: Não é um resumo. É bem menos que isso.

Tema: sobre o que o seu texto falará? Qual assunto será abordado, direta ou indiretamente?

Público-alvo: jovens adultos? Pré-púberes? Senhoras de 50 anos com filhos adotivos? Seu cunhado?

Tamanho: número de páginas (ou palavras, ou caracteres) mínimo ou máximo ou estimado.

Prazo: até quando esse texto deve estar pronto para publicação?

• Documento de Planejamento

Premissas: aquelas perguntas que você fez (e espero que as tenha respondido!) a respeito de seu texto.

Pesquisa: caso seja necessária uma pesquisa (quase sempre é, mesmo em textos intimistas ou pessoais), é bom colocar aqui quais os temas que deverão ser pesquisados.

Planejamento dos Sprints: aqui deverão ser definidos os time boxes de trabalho, o tempo de duração de cada sprint, o que deve ser entregue ao final de cada sprint, as reuniões diárias, etc.

• **Backlog do Projeto**

Resumo da trama: aqui entra o planejamento mais detalhado de cada capítulo, ou ato, do seu texto, com as reviravoltas e o final.

Personagens: antagonistas, protagonistas, secundários, etc.

Pronto. Com esse material em mãos já é possível começar a escrever o livro. Na verdade ele já está sendo escrito (sério!). Como disse antes, você tem em mãos todas as ferramentas para começar a trabalhar. Além disso, tem uma linha guia a seguir, uma boia de segurança onde se apoiar quando se sentir bloqueado. E, acima de tudo, sabe onde está, por onde tem que ir e aonde quer chegar. O conceito do livro já existe. Tudo o que basta é concretizá-lo.

E é o que vamos começar a fazer agora.

Obs.: Você provavelmente deve ter notado que não coloquei em documento nenhum algo que já havíamos estabelecido previamente: o

Título (mesmo provisório) do projeto. Isso porque o título não deve estar apenas no documento. Ele deve estar na CAPA de todos os documentos. Não é apenas um Documento de Visão. É o Documento de Visão do Projeto X (substitua pelo nome de seu projeto, por favor). Espalhe o título onde puder. Um projeto com um nome deixa o terreno da abstração e se torna algo palpável. Trate-o pelo nome. Refira-se a ele assim.

Sprints de criação

Sim, é hora de escrever. Vá até o Backlog do Projeto e veja o quanto dele você realizará durante o sprint (utilizando os parâmetros estabelecidos no Documento de Planejamento). Formalize isso com o Produtor. Conversem a respeito do que será feito, como será feito e quando será feito. Agendem o acompanhamento do trabalho. O ritmo de interações entre o Produtor e o Escritor deve levar em conta não apenas o prazo final do projeto, mas também a disponibilidade de cada um. Agendem as reuniões de acompanhamento previamente. Vocês podem conversar duas ou três vezes durante o sprint, diariamente ou mesmo mais de uma vez ao dia. Tudo dependerá do que foi planejado previamente. Estabeleça um horário para essas reuniões e como elas serão realizadas. Serão presenciais, por teleconferência, telefone, sinais de fumaça... Não importa. O que importa é que tanto Escritor quanto Produtor estejam em sintonia e que efetivamente troquem ideias durante o sprint.

Aliás, este é o momento em que a figura do Produtor se torna cada vez mais importante na realização do projeto. É dele a responsabilidade de empurrar o Escritor em direção à meta estabelecida. E, para tanto, é necessário que acompanhe cada passo de perto (exceto quando o Escritor estiver de fato escrevendo, óbvio). Por isso as Reuniões de Acompanhamento são tão importantes. Nelas, o Escritor dirá o quanto conseguiu caminhar desde a última reunião, quais foram os resultados e quais foram as dificuldades. Nessas reuniões é possível renegociar prazos, alterar premissas e buscar soluções em conjunto para eventuais impedimentos para que o texto continue fluindo. Sim, é do Produtor a responsabilidade de ajudar o Escritor a finalizar o que foi prometido. Claro, há limites. Não mande o Produtor ir ao banco ou passear com seu cachorro, a não ser que ele tope. Se o Escritor não está conseguindo cumprir suas metas, o Produtor tentará ajudá-lo. Um bom Produtor saberá conversar abertamente a respeito da obra e dar sugestões para que algum nó narrativo seja desfeito, ou sobre o destino de algum personagem, por exemplo. Ou então dará algumas dicas para complementar os documentos de apoio. Ou mesmo, em último caso, estabelecerá uma meta mais realista ao escritor.

Tudo isso deve ser feito nas Reuniões de Acompanhamento. E entre elas o Escritor deve tentar ao máximo focalizar na tarefa de criar o que foi definido. Seja logo depois de acordar, durante o horário comercial ou mesmo em madrugadas insones. Não importa. Você deve escrever. Arrume seu tempo. Estabeleça sua meta e seja fiel a ela. E, caso esteja tendo problemas, não se acanhe em pedir ajuda ao seu Produtor. O papel dele é exatamente esse. É nele que está a diferença entre o escritor diletante e o profissional com um objetivo. Então, aproveite.

Revisão do sprint

Findo o prazo estabelecido para o sprint, é hora de se reunir e revisar o que foi efetivamente feito. Nesse ponto devem estar reunidos o Escritor (ou escritores) e o Produtor, mas se for possível contar com a presença do Editor o resultado tenderá a ser mais produtivo. Nessa reunião será apresentado o trabalho realizado. O Escritor deverá passar ao Produtor todo o texto produzido, que ele lerá (talvez não na mesma hora, mas essa será sua tarefa) e dará um parecer. Caso o Escritor não tenha conseguido cumprir a meta estabelecida de produção, deverá ser feito um ajuste nas metas ou, em último caso, nos prazos. Deverão ser explicitados os problemas e os fatores que impediram o cumprimento da meta e, caso seja possível, definir estratégias para que esses impeditivos não tornem a ocorrer. É hora de ajustar o que deve ser ajustado. De rever o que foi estabelecido e modificá-lo de acordo com a necessidade. Caso a trama tenha tomado um rumo diferente do planejado (quase sempre terá, então, não se preocupe), ou então o destino de algum personagem tenha sido alterado, etc., tudo deve ser documentado e os documentos, revisados.

> *Nota: Não negligencie a revisão dos documentos. Toda alteração na trama ou nas premissas do livro deve ser imediatamente registrada. Faça isso você mesmo ou delegue a função para o Produtor. Confie em mim. Esses documentos, se atualizados, pouparão um bocado de trabalho ao final do projeto.*

Terminados os ajustes e estabelecidas as medidas corretivas, é hora de criar um novo backlog para o próximo sprint. Da mesma maneira que foi feito para esse sprint. Aliás, esse ciclo se repetirá para todos os sprints até o final do processo de criação.

Leitura crítica (capítulo)

Nesse ponto é essencial que o Produtor (ou mesmo, com ressalvas, o Editor) tenha acesso a o que está sendo produzido. Apenas assim será possível que ele esteja realmente engajado no processo e possa efetivamente ajudar o Escritor em sua tarefa. Um Produtor caminhando lado a lado com o autor é o objetivo do Scrum. Por isso é muito importante que você encontre um Produtor em quem confie (que é diferente de gostar, bem entendido).

O ideal é que o Produtor já chegue à reunião de Revisão do Sprint com o que foi produzido no sprint lido e com um parecer crítico. Lembre-se: não é uma revisão no sentido ortográfico e gramatical (apesar de nada impedir que isso também seja feito, mas não pode ser o foco). Durante os sprints, é mais importante que o Produtor verifique se o que foi feito está de acordo com o que foi planejado, que as metas estabelecidas estejam sendo cumpridas. Quaisquer discrepâncias entre o produto idealizado e o material realizado devem ser discutidas durante a revisão. Alterações devem ser feitas de comum acordo (usando aqui a estratégia de negociação que cada um preferir). Se a preocupação primordial do Escritor é (e sempre deve ser) o texto, a do Produtor é com a realização do produto final. Caso uma história de vampiros não tenha vampiros isso deve ser explicado e justificado. Premissas podem ser (e serão) alteradas durante o processo, mas essas mudanças devem ser negociadas e aceitas por todas as partes. Especialmente o Editor.

Sprints de revisão autoral

Inevitavelmente o Escritor precisará revisar seu trabalho. Mesmo que as metas tenham sido cumpridas, haverá ajustes a serem feitos, especialmente se o Produtor cumpriu seu papel e fez uma boa leitura crítica. Para essas revisões é necessário tempo. Esse tempo deve ser estabelecido durante os sprints. Como e quando eles serão realizados são algo a ser definido nas reuniões de revisão. Abaixo sugiro alguns cenários possíveis, que podem se estabelecer como regra ou serem usados de acordo com a necessidade, sprint por sprint:

1) **Revisão durante o próprio sprint:** pode ser que os ajustes necessários não sejam muitos, ou não levarão muito tempo a serem realizados, ou não tenham grande impacto no trabalho a ser feito no próximo sprint. O Escritor então define que utilizará determinado tempo do próprio sprint para realizar essa revisão, em detrimento do tempo de

criação. Caso seja factível, e esteja de comum acordo com as partes, sem prejuízo às metas do sprint, nada impede que seja feito dessa maneira.

2) **Sprint de revisão após x sprints:** é estabelecido que após um número determinado de sprints de criação seja feito um sprint específico para a revisão do que foi feito durante esse tempo. Por exemplo, após cinco sprints de criação será feito um sprint de revisão, com o mesmo prazo de um sprint normal. Novamente, o prazo final do projeto deve levar em conta esses sprints adicionais.

Essas são apenas sugestões. O certo é que inevitavelmente o escritor revisará o que foi produzido. É preciso levar esse tempo em conta e dedicar-se a ele.

IMPORTANTE: Evite ao máximo deixar esses sprints de revisão se acumularem para o final (após todos os sprints de criação). Isso invalidará todo o acompanhamento feito pelo Produtor e provavelmente dobrará o trabalho e o prazo.

Ao final de cada sprint de revisão, durante a reunião de revisão do sprint, tanto Produtor quanto Editor (se for o caso) deverão dar sua aprovação (ou não) à revisão feita pelo Escritor. Caso o material seja aprovado, segue-se para o próximo sprint. Caso contrário, um novo sprint de revisão deverá ser realizado (com prejuízo ao prazo final, é claro).

Retrospectiva

Ao final dos ciclos de criação e revisão, a primeira versão do livro deverá estar pronta. Se tudo tiver dado certo, tanto os prazos quanto as metas foram cumpridos, e o livro foi escrito do começo ao fim. Atrasos ou alterações na trama, nos personagens ou mesmo nas premissas podem ter acontecido, mas isso aconteceu de comum acordo com Escritor, Produtor e Editor. Sendo assim, temos em mãos o primeiro "boneco" do livro. É hora de comemorar? Sim, claro. Estourem uma champanhe. Contem a seus amigos e parentes. Tirem o resto do dia de folga. Vocês merecem. Mas em momento algum pense que o trabalho está finalizado. Sim, um grande passo foi dado, mas há diversos outros que, mesmo não tão grandes, são essenciais para que a obra que você acabou de escrever se torne um produto a ser vendido em livrarias (físicas ou virtuais) e que trará fama e fortuna a todos os envolvidos (a gente sempre deve sonhar).

Não, no momento atual tudo o que você tem nas mãos é um esboço, um primeiro rascunho que ainda sofrerá muitas alterações antes de finalmente ser considerado finalizado. Há trabalho ainda! Então, depois que a ressaca terminar, é hora de sentar com os envolvidos e fazer uma reunião final do processo de criação. Nessa reunião, chamada no Scrum de Retrospectiva, serão comentados todos os processos, percalços, sucessos e fracassos que culminaram na realização do primeiro rascunho. Lições foram aprendidas e devem ser comentadas. Críticas e elogios devem ser postulados. Essa é a reunião de entrega da primeira versão do texto. Nesse ponto, o Escritor sairá um pouco dos holofotes e será hora do Produtor fazer sua mágica. Ele terá em mãos o carvão que se transformará em um diamante. É dele a tarefa a ser feita a seguir: a leitura crítica.

Leitura crítica (livro)

"Mas o produtor já não leu cada capítulo ao final de cada sprint, assim como suas revisões posteriores?", você deve estar se perguntando. Sim, leu (espero que tenha lido!). E sim, ele lerá tudo mais uma vez. É hora da revisão, não de cada capítulo, mas do livro como um todo. Nessa revisão o texto será, pela primeira vez, tratado como um livro. Problemas de continuidade, erros grotescos de coesão, falhas temporais, inconsistências nas atitudes de personagens, problemas de ritmo, fluência, linguagem, etc. Arestas deverão ser desbastadas, pontos fracos, transformados em pontos fortes, cortes e adições deverão ser feitos, tudo em nome do produto-livro final. De nada adiantam belíssimos capítulos se, quando unidos, formarem uma mistura confusa. Essa será a leitura mais importante, e a que dará mais trabalho ao Produtor.

Mas não pense que será apenas entregar o livro ao Produtor e esperar que ele eventualmente o releia. Assim como todo mundo, o Produtor terá um prazo estabelecido durante a reunião de Retrospectiva para a realização dessa leitura crítica. E esse prazo será acompanhado de perto tanto pelo Editor quanto pelo Escritor. A tarefa do Editor, nesse caso, será a de "Produtor do Produtor", cobrando os prazos estabelecidos e auxiliando-o caso haja algum impedimento para cumprir a meta. Já a responsabilidade do Escritor será realizar as revisões que o Produtor venha a solicitar durante o processo de leitura crítica. Nada impede que ambos os trabalhos sejam feitos em paralelo, com o Escritor realizando uma série de sprints de revisão de acordo com a demanda.

Nota: Também é possível (e até recomendável) que sejam feitas outras leituras críticas, utilizando profissionais que não estiveram envolvidos com a realização do livro. Caso seja possível contar com essas outras leituras, os leitores devem ser incluídos no time e lidar com as mesmas premissas do projeto, com seus prazos e interações.

O produto final desse processo será a segunda revisão do texto. Essa revisão é essencialmente o que será publicado, o produto quase finalizado. Os maiores problemas e arestas já devem ter sido encontrados e resolvidos. Se tudo foi feito de acordo com o planejamento, tanto Escritor quanto Produtor e Editor devem estar satisfeitos. Ainda não está pronto para a publicação, mas agora falta pouco.

É hora de fazer a revisão gramatical e ortográfica do texto.

Revisão gramatical/ortográfica

Em desenvolvimento de software, temos um lema: "O programador é o pior testador". E é a mais pura verdade. Aquele que efetivamente desenvolve alguma coisa é a pior pessoa para testá-la ou corrigi-la, visto que está tão envolvido no processo criativo que se torna complacente com erros e falhas. Não é um processo (muito) proposital. A solução para aquele problema que nos tirou o sono por noites a fio é a melhor que se conseguiu fazer. Tendemos a tolerar esses erros, não os vendo mais como problemas. Na maioria das vezes, nem mesmo os percebemos mais, tão imersos estamos com todos os outros fatores criativos necessários para a realização do trabalho. Dessa maneira, ignoramos construções sintáticas confusas, frases mal escritas, palavras que destoam do contexto, etc. E é para isso que devemos confiar na visão de um profissional para dar os ajustes finos ao nosso texto.

Mas preste atenção: isso de maneira alguma significa que devemos ser desleixados com nossa gramática. A função do Revisor é corrigir os detalhes, não tornar os seus delírios mais coerentes. Escrever bem é uma premissa, como disse anteriormente. A língua é a sua ferramenta, as palavras, sua matéria-prima. Já cansei de ouvir de pretensos escritores que "Escritor não é Revisor". Essa afirmação só é verdadeira quando for verdadeira a sua recíproca. Nenhuma revisão ortográfica ou gramatical transformará um amontoado de frases em uma obra a ser apreciada. No máximo, será uma porcaria sem erros gramaticais. Por isso, tenha piedade de seu Revisor. E trate tanto a ele quanto a seu trabalho com respeito. Lembre-se: o que está sendo revisado é sua obra, não você.

Em nosso caso, se as premissas até aqui foram seguidas, as chances do texto que chegar ao Revisor ser uma completa porcaria mal escrita diminuem bastante, pois, diferentemente daquele escritor recluso que não permite que leiam ou opinem sobre seu trabalho antes da conclusão, seu texto já foi esmiuçado e revisado algumas vezes durante a criação. Mas você verá que mesmo o texto mais bem trabalhado voltará com inúmeras marcas vermelhas feitas pelo cruel Revisor. Este é o trabalho dele. E você deve agradecer. Um texto revisado não distrai o leitor da história que está sendo contada. Faz com que ele se preocupe com o que está sendo dito, em vez de como foi escrito. Um texto bem revisado deve ser quase invisível ao leitor. E a função primordial do Revisor é tornar isso possível. Eu já disse para você agradecer ao seu Revisor?

Da mesma maneira que o Escritor e os Leitores Críticos, o Revisor fará parte da equipe, e também seguirá as mesmas premissas e interações. Aliás, nesse ponto o ideal é que a equipe tenha uma sinergia (pode marcar essa no bingo corporativo) constante. Por exemplo: o Revisor entrega a revisão de um capítulo ao Escritor, que bate a revisão e faz os ajustes necessários, e depois o entrega ao Produtor, que fará mais uma leitura crítica. Seguindo esse ciclo, poderão ser feitos diversos sprints de revisão que, ao final, pouparão um tempo imenso.

Pronto, o texto está revisado. Já posso ligar a impressora?

Calma. O que você tem nas mãos agora é aquilo que o mercado chama de um original. É um arquivo cru com uma história nele. Não é um livro ainda. Independentemente de você já ter ou não a figura de um Editor envolvido no processo, esse mesmo original precisa ser preparado para a sua apresentação. E acredite quando digo que a apresentação de um original conta muito. Duvido que exista alguma estatística, mas acredito que muitos textos ótimos provavelmente foram jogados no lixo por conta de uma apresentação malfeita. Vale a pena tomar alguns cuidados. É hora de vender seu peixe. Já chegamos até aqui, não vamos esculachar no final, vamos?

Entrega

A entrega do original pode ter dois cenários distintos. A grande diferença entre eles é a presença ou não de um Editor durante a sua realização. Caso o Editor esteja envolvido desde o começo, convém perguntar a ele como deseja receber o texto. Aí vai muito do estilo de cada Editor. Ele pode pedir a você uma formatação especial, um tipo específico de encadernação da cópia impressa, especificar margens, fontes, tipo de arquivo, formatação, etc. Ou pode simplesmente dizer: "Manda pra mim por e-mail do jeito que está." Como disse, convém perguntar. E seguir as instruções, claro.

Já no caso de não haver ainda a figura de um Editor, a coisa é um pouco mais complicada. Quando determinada editora for escolhida, convém acessar o site dela e dar uma olhada em como ela espera que você formate seu original. A maioria deixa bem clara qual é a sua política de recebimento de originais. Caso essas instruções não sejam explicitadas, é de bom-tom perguntar antes de mandar qualquer coisa. Por favor, leia e siga essas instruções à risca. Você é um profissional. Aja como tal. Preste atenção.

Quando as instruções são claras, é simples. Receita de bolo. Mas e caso não sejam, o que fazer? Abaixo darei algumas dicas de formatação que, salvo raras exceções, são o padrão de mercado. E mesmo que haja diferenças, serão poucas e fáceis de realizar. Vamos a elas?

Preparação do original

A primeira coisa a fazer é uma cópia do arquivo de seu original com outro nome. Costumo fazer diversas versões do arquivo, com nomes que as diferenciam. Algo simples, seguindo um padrão do tipo [Título]_[Versão]. Sendo assim, até o momento teríamos três arquivos diferentes com os seguintes nomes:

MeuOriginal_Rascunho.rtf (após os ciclos de criação)

MeuOriginal_Leitura_Crítica.rtf (após a leitura do Produtor)

MeuOriginal_Revisão.rtf (após a revisão gramatical/ortográfica)

Sendo assim, faça uma cópia do arquivo revisado e coloque nela a versão "Final" (MeuOriginal_Final.rtf). Esse método ajuda a criar um "rastro" de sua produção e garante que você possa voltar a qualquer uma das etapas caso seja necessário.

Agora, temos um arquivo para trabalhar a formatação. O primeiro passo é fazer uma capa. Não, não é a capa que será publicada. É a capa do original. Uma simples folha de rosto. Não precisa inventar. Coloque o título do livro bem no centro da primeira folha, tamanho 24 ou 26. Caso tenha um subtítulo, coloque-o logo abaixo do título em tamanho menor (18). Pule duas ou três linhas e coloque o nome (ou pseudônimo) do autor (ou autores). Não precisa usar uma fonte exótica nem uma cor diferente do preto. No rodapé da página, coloque seus dados de contato (telefone e e-mail). Apenas isso.

Caso seu texto tenha capítulos nomeados, é interessante (mas não obrigatório) incluir um índice no arquivo. A maioria dos editores de texto atuais dispõe de ferramentas para tanto. Fique à vontade para escolher aquela com a qual você se sentir confortável. Mas, de novo, não invente! Um índice deve ser simples e prático. O que interessa aqui é seu texto, não malabarismos estilísticos que apenas servirão para fazer qualquer um perder a paciência. Atenha-se ao simples. Deixe a diagramação para o diagramador.

Para o título dos capítulos convém usar uma fonte um pouco maior, e em negrito. Mesmo que seus capítulos sejam apenas numerados, deixe bem claro na página onde cada capítulo começa. Não precisa colocar linhas ou flores. Apenas uma fonte dois ou três pontos maior que a do texto, e em negrito. E pule uma linha após o título de cada capítulo.

Para o corpo do texto, o mais comum é usar uma fonte simples (Times New Roman, Verdana ou, em último caso, Arial) com tamanho 12. Os parágrafos devem ter espaçamento de 1,5 a 2 linhas (sim, seu arquivo quase dobrará de tamanho, mas não se preocupe). Sem hifenização! Margens de 3 cm em todos os lados. Folha tamanho A4, orientação retrato. Numere as páginas. Pronto. Mais nada. Caso seu livro tenha imagens, coloque apenas referências ou versões em baixa resolução, mantendo as imagens originais em arquivos separados.

Mais uma vez: NÃO INVENTE! Não é hora de ser criativo. Não use fontes exóticas, formatações estapafúrdias, cores ou outras firulas. Como eu já disse, o que importa é sua história. E ela precisa ser lida. Caso seja necessário incluir artifícios estéticos, isso será feito pelo diagramador, usando ferramentas mais condizentes com isso que um simples editor de textos. Controle sua ansiedade. Você está formatando seu original para ser lido, não fazendo uma agenda colegial.

Após aplicar todas as formatações, vasculhe o texto do começo ao fim atrás de linhas órfãs, inícios de capítulos mal colocados e outros problemas de organização do texto. Deixe seu texto fácil de ser lido. Caso opte por iniciar cada capítulo em uma nova página, verifique se isso acontece mesmo. Caso contrário, garanta que cada começo de capítulo tenha o mesmo espaçamento de linhas entre o fim do capítulo anterior e o começo do próximo. Deixe o texto claro. Legível. Simples. Agradável.

Salve o arquivo e abra uma cerveja (ou qualquer outra bebida que seja de seu agrado). Você já tem um original preparado para a leitura de um Editor.

Carta de apresentação

Este passo pode ser considerado opcional, especialmente se a figura do Editor já estiver participando desde o início do processo. Mas, caso contrário, uma carta de apresentação bem-feita pode ser a diferença entre um original ser lido ou ser descartado. A carta de apresentação é exatamente o que o seu nome significa: uma apresentação da obra e do autor. Mais nada. Quaisquer informações a mais que forem colocadas só atrapalharão. Um Editor, ao receber um original para avaliação, quer saber apenas duas coisas: se o livro tem potencial para publicação e se o autor é sério (ou seja, se ele é um profissional no qual vale a pena investir, e não um maluco que só dará prejuízo e dor de cabeça). Só isso.

Sendo assim, a carta de apresentação deve possuir apenas duas seções distintas: uma sinopse do livro e o currículo do autor. Vamos abordar cada um deles a seguir.

Sinopse

Já vi muito escritor tarimbado tremer nas bases quando é hora de escrever a sinopse de um livro. Isso porque a maioria mal sabe o que é uma sinopse.

E o que é uma sinopse?

Uma sinopse é uma apresentação de seu texto. Não é um resumo da trama, mas nele devem estar todas as premissas que seu texto propõe. Em poucos parágrafos, o Editor deverá saber sobre o que é o seu livro, quais os protagonistas e qual o conflito.

Parece complicado? E é, pode acreditar. Principalmente caso você não tenha seguido os passos descritos neste método. Mas como tenho certeza que você foi um profissional aplicado, aqui vai uma dica: você já escreveu a sinopse de seu livro. Juro. Pegue os documentos que lhe deram suporte no início do processo. Sim, o Documento de Visão, o Documento de Premissas e o Backlog do Projeto. Neles, se você e seu Produtor não só os criaram, mas atualizaram durante a feitura do livro, estarão todas as informações necessárias para a confecção de uma excelente sinopse. Não precisa colocar tudo, claro, apenas o essencial. Resumo da trama, personagens, tema, premissas, público-alvo. Junte tudo num caldeirão e redija sua sinopse. Não torna a tarefa simples, mas com certeza será muito menos trabalhosa.

Mas não se esqueça: NÃO É UM RESUMO DO LIVRO! Atenha-se ao estritamente necessário para que o receptor (o Editor) saiba o suficiente sobre sua obra para se interessar por ela. Caso seja necessário, faça uma pesquisa a respeito. Leia as sinopses de obras já publicadas. Mas o mais importante: não encha linguiça. Diga o que é seu texto sem recontar a história. A sinopse é o primeiro olhar na paquera, aquele que convencerá seu Editor a investir seu tempo (e, se tudo der certo, seu dinheiro) na obra. Seduza sem entregar. Não fale sobre vendas, publicação ou qualquer outra coisa que não lhe diga respeito. Não afirme o potencial de sucesso nem saia rasgando elogios, dizendo que seu livro é a melhor coisa criada desde o pão de forma. É claro que você é fã de sua obra. Se não fosse, não a escreveria. Autor rasgando seda para a própria obra não apenas joga contra ela, mas pode queimar qualquer possibilidade de publicação.

Agora, caso seu texto tenha sido lido e comentado por pessoas influentes do meio no qual ele será inserido, aí, sim, é interessante colocar esses comentários logo abaixo da sinopse. Mas, de novo, sem exageros. Caso um escritor renomado tenha lido seu livro e lhe enviado uma crítica, selecione um trecho mais emblemático e o coloque. E não se esqueça de dar o crédito a quem elogiou. Caso não tenha nada disso, não coloque nada. Seja honesto. Editores adoram honestidade e mastigam fraudes no café da manhã. Não seja idiota.

Currículo do autor

Aqui devem entrar as realizações do autor que digam respeito à literatura ou ao assunto abordado na obra. É um currículo resumido. Diga seu nome, idade, local de residência (só a cidade), trabalhos publicados anteriormente, prêmios recebidos, essas coisas. Se você se formou em Engenharia e escreveu um livro de suspense, isso não precisa ser incluído. Mas caso você tenha participado de algum curso referente à literatura (Letras, Jornalismo e correlatos) é legal colocar. Caso tenha formação em História e tenha escrito um romance histórico, esta é uma informação relevante. Caso contrário, omita sem dó. Não coloque quantos amigos você tem no Facebook nem o número de seus documentos. Nada disso interessa. Seja sucinto, assertivo e direto.

> *Nota: Para a criação da carta de apresentação, use e abuse de seu Produtor. Ele terá a experiência e o conhecimento necessários para auxiliá-lo nessa tarefa e, com isso, aumentar as chances de que seu original seja pelo menos lido.*

Finalizando

É isso. Estamos chegando ao fim de nossa jornada. Se tudo foi seguido até aqui, você deverá ter em suas mãos não apenas um original, mas um original pronto para ser lido e, quiçá, publicado. Terá um material limpo, coeso e profissional (algo que, digo por experiência própria, os editores adoram).

Ainda há alguns passos, é claro. Caso seja aprovada, sua obra deverá passar por, talvez, mais uma revisão. Em seguida ela será diagramada, ganhará uma capa e será impressa e distribuída. Mas esses passos quase sempre saem das mãos do Escritor (apesar de que, num mundo ideal, o Produtor ainda estará presente). O papel do Escritor após a entrega do original é a de um aprovador. Ele baterá a nova revisão, conferirá a diagramação e dará a palavra final a respeito da capa. Depois disso... Bom, depois disso você ajudará na divulgação de seu livro. E, se tudo der certo, colherá os frutos de seu esforço.

Mas este método não se aplica diretamente a essas partes. Este é o Scrum para Escritores. Ele cobre o processo criativo do texto, desde sua concepção até sua entrega. E, caso os passos aqui descritos tenham sido seguidos à risca, há grandes chances de que esse original seja avaliado para publicação. Infelizmente, não tenho como garantir que ele será publicado, pois essa decisão leva em conta muitos outros fatores mercadológicos e editoriais. Mas caso esses fatores estejam favoráveis, o material que foi criado durante todo esse processo com certeza aumentará as chances de publicação.

O importante aqui é ressaltar algo que disse no começo: a metodologia descrita não servirá de nada caso seu texto seja ruim ou desonesto. Não é e nunca foi minha intenção ensinar ninguém a escrever. E nem interferir no processo criativo de ninguém. Escrever é e sempre será uma tarefa solitária. Apenas você e a famigerada página em branco. Cada um terá a sua maneira particular de transformar a miríade de ideias que flutuam em seus cérebros em um texto coerente e, por que não, belo e agradável. Atenha-se ao seu ritual (gosto de escrever com uma garrafa de uísque e um copo ao lado do computador) e escreva. A única diferença que eu proponho nesse processo é alguma formalização para garantir que aquela ideia genial, aquela obra-prima que mudará a literatura efetivamente saia do campo das ideias e tenha ao menos uma chance de ser publicada. Cada passo, cada documento e cada interação aqui descritos têm apenas este objetivo: que você termine seu livro. Então, analise tudo o que propus, arrume um bom Produtor para seguir essa jornada com você e escreva. Escreva um, dois, vinte livros. Deixe-se tomar pela inspiração e exale a transpiração que a Arte demanda. Escrever não é fácil, eu sei. Mas é na dificuldade, no esforço despendido em sua realização que se encontra o sucesso.

Então, vá escrever. E não se esqueça de me convidar para o lançamento. Boa sorte!

Apêndice: sugestões de leitura complementar

Como cansei de dizer aqui, não redigi este método com o intuito de ensinar ninguém a escrever. Mas, caso esse seja seu próximo passo ou você deseje se aprofundar no tema, seguem abaixo algumas sugestões de livros a respeito do ofício literário. Esta não é, nem de longe, uma lista definitiva (duvido que exista alguma), mas é um bom começo.

BLOOM, Harold. **Onde Encontrar a Sabedoria?** Rio de Janeiro: Objetiva, 2009 (trad. José Roberto O'Shea).

CALVINO, Italo. **Por que ler os clássicos.** São Paulo: Companhia das Letras, 2007 (trad. Nilson Moulin).

CAMPBELL, Joseph. **O Herói de Mil Faces.** São Paulo, Pensamento, 1989

GAIMAN, Neil. **Faça Boa Arte.** São Paulo, Intrínseca, 2014

KING, Stephen. **Sobre a Escrita.** Rio de Janeiro: Suma de Letras, 2015 (trad. Michel Teixeira)

KOCH, Stephen. **Oficina de Escritores – Um manual para a arte da ficção.** São Paulo: Martins Fontes, 2008 (trad. Marcelo Dias Almada).

KUNDERA, Milan. **A Arte do Romance.** São Paulo: Companhia das Letras, 2009 (trad. Teresa Bulhões).

LODGE, David. **A Arte da Ficção.** Porto Alegre: L&PM, 2010 (trad. Guilherme da Silva Braga).

MCKEE, Robert. **STORY - Substância, Estrutura, Estilo e os Princípios da Escrita de Roteiro.** São Paulo: Arte & Letra, 2015 (trad.

PROSE, Francine. **Para Ler Como um Escritor.** Rio de Janeiro: Jorge Zahar, 2008 (trad. Maria Luiza X. de A. Borges).

REUTER, Yves. **A Análise da Narrativa.** Rio de Janeiro: Difel, 2007 (trad.

Mario Pontes).

RIVADENEIRA, Ariel. **Como Escrever um Livro**. São Paulo: Ediouro, 2009 (trad. Sonia Belloto).

SCHOLLHAMMER, Karl Erik. **Além do Invisível – O olhar da literatura**. Rio de Janeiro: 7Letras, 2007.

TCHÉKHOV, Anton. **Sem Trama e Sem Final – 99 conselhos de escrita**. São Paulo: Martins Fontes, 2007 (trad. Homero Freitas de Andrade).

TODOROV, Tzvetan. **A Literatura em Perigo**. Rio de Janeiro: Difel, 2010 (trad. Caio Meira).

VOGLER, Christopher. **A Jornada do Escritor**. São Paulo: Aleph, 2015 (trad. Petê Rissati)

WOOD, James. **Como Funciona a Ficção**. São Paulo: Cosac Naify, 2011 (trad. Denise Bottmann).

EM INGLÊS

BROOKS, Larry. **Story Engineering**. EUA: Writer's Digest Books, 2011

KOONTZ, Dean. **Writing Popular Fiction**. EUA, Writer's Digest Books, 1972